Patronage industriel

des Enfants

de l'Ebénisterie

✿✿✿

SON HISTOIRE

SES CONCOURS PROFESSIONNELS

SON ÉCOLE

par **J. BOISON**, Président

Le Patronage industriel

des Enfants

de l'Ebénisterie

SON HISTOIRE

SES CONCOURS PROFESSIONNELS

SON ÉCOLE

par **J. BOISON**, Président

SIÈGE SOCIAL, SECRÉTARIAT & ÉCOLE :

77, Avenue Ledru-Rollin — PARIS

EXTRAIT DES STATUTS

BUT DE LA SOCIÉTÉ

ARTICLE PREMIER. — Le Patronage des Enfants de l'Ebénisterie a pour but de développer l'apprentissage et l'instruction professionnelle dans l'industrie de l'Ameublement en général, et en particulier chez les ébénistes, menuisiers en sièges, facteurs de pianos et de billards, tourneurs et sculpteurs sur bois, découpeurs, marqueteurs, etc.

ART. 3. — Pour faire partie de la Société, il suffit de verser une cotisation annuelle de douze francs ; la première année payable au moment de la souscription.

Plusieurs ouvriers, représentés par l'un d'eux, peuvent se réunir pour une cotisation unique ; ils sont admis à payer par trimestre.

Les Sociétaires qui versent en souscrivant une somme unique de deux cent cinquante francs, et ceux qui, pendant cinq ans, versent une somme annuelle de soixante francs, reçoivent le titre de *Membres à vie*.

Ceux qui versent en souscrivant une somme unique de mille francs, et ceux qui, pendant cinq ans, paient une somme annuelle de deux cent cinquante francs, prennent le titre de *Membres perpétuels*.

Le Patronage industriel
des Enfants de l'Ebénisterie

Son histoire

C'est sous le Second Empire que les sociétés fondées par l'initiative privée, pour améliorer les conditions de l'apprentissage ont commencé à se développer. Le Patronage industriel des Enfants de l'Ebénisterie fut une de ces premières associations.

C'est en 1866, que M. Henri Lemoine conçut le plan d'une Société de protection pour les enfants employés dans l'industrie de l'ameublement. Sur son initiative, un comité composé de MM. Grohé, Fourdinois père, Godin, Guéret frères, Schmitt, Meynard, Herteinstein, etc., fut constitué et établit les bases du Patronage qui reçut l'autorisation de fonctionner le 5 avril 1866.

L'article 1er des statuts définissait ainsi qu'il suit le but que poursuivait l'œuvre nouvelle, et l'esprit qui animait ceux qui l'avaient créée :

« Le Patronage des Enfants de l'Ebénisterie a pour but
« d'assister, de moraliser et d'instruire les enfants em-
« ployés comme apprentis dans l'industrie de l'ameuble-
« ment en général, et en particulier chez les ébénistes,
« menuisiers en sièges, facteurs de pianos et de billards,
« tourneurs et sculpteurs sur bois, découpeurs, marque-
« teurs et serruriers en meubles. »

Les articles suivants déterminaient les conditions de l'assistance annoncée dans l'article 1er, laquelle devait s'exercer sur les apprentis placés par les soins du Patronage, ou inscrits sur ses listes de contrôle. La Société pouvait, en certains cas, accorder des secours en nature.

Ces avantages, offerts aux apprentis, étaient utiles, mais le Patronage, en ne leur en accordant pas d'autres, ne se serait pas éloigné du programme de beaucoup de sociétés de bienfaisance. L'article 9 des statuts vint lui donner un caractère essentiellement industriel par l'institution de concours professionnels annuels entre apprentis et jeunes ouvriers.

A cette époque, et il en est de même encore aujourd'hui, les parents plaçaient leurs enfants en apprentissage sans être suffisamment renseignés sur les conditions de travail du métier qu'ils choisissaient. Aussi l'engagement était-il fait, le plus souvent, sans contrat écrit, et les obligations des parties, du patron comme des parents, n'étaient-elles définies que par de vagues déclarations verbales. L'apprenti était ainsi placé dans des conditions d'isolement qui ne pouvaient que lui être défavorables. Aucun moyen pour les parents de se rendre compte de l'efficacité de l'enseignement qui lui était donné; cet enseignement était laissé sans contrôle, sans réglementation. Il dépendait de la conscience et de la délicatesse du patron qui s'était chargé de le donner et qui, souvent, absorbé par les soucis de ses affaires, ne pouvait y consacrer le temps et les soins nécessaires.

Les organisateurs du Patronage avaient pensé que leur intervention entre les parents et les patrons; l'établissement, par leurs soins, de contrats écrits; des visites fréquentes dans les ateliers, leur permettraient de suivre les phases de l'apprentissage de leurs pupilles, et de remédier à ces graves inconvénients qui ont été, après la révolution de 1789, et au siècle dernier, la cause de la décadence de l'enseignement des métiers, et qui, vers la fin du XIXe siècle, préoccupaient à un si haut point les fabricants soucieux de l'avenir de leur industrie.

Malheureusement cet idéal philanthropique : les contrats, le placement des apprentis, l'assistance qui leur était offerte, ne fut pas compris des parents et des patrons ; les uns et les autres, pour le plus grand nombre du moins, ne sachant pas dégager des questions que soulève l'apprentissage celles, générales, élevées, qui concernent les progrès de l'industrie, l'avenir de l'enfant ; ne voyant, au contraire, que celles qui touchent à leurs intérêts personnels et immédiats : pour les parents, le gain possible de l'enfant dans un temps le plus court ; pour les patrons, l'affranchissement de toute obligation, et la création, chez l'apprenti, d'un auxiliaire produisant à meilleur compte qu'un ouvrier ordinaire.

Les concours professionnels créés par l'article 9, dans une certaine mesure, permirent d'atteindre le but que s'étaient proposé les organisateurs du Patronage, et que leurs premiers efforts n'avaient pu réaliser.

Ces concours, qui se sont renouvelés chaque année, depuis 1867, ont eu une influence incontestable sur les progrès de l'industrie du meuble à Paris, en créant chez les apprentis et jeunes ouvriers un élément vital de progrès : l'*émulation*. Ils rappellent encore les conditions imposées jadis aux compagnons qui, pour exercer le métier, devaient justifier leur capacité professionnelle en exécutant le chef-d'œuvre.

Jugés par des jurys composés de membres exerçant eux-mêmes les professions représentées par les concurrents, le classement des travaux exécutés, non seulement excite chez les apprentis le désir d'apprendre et de bien faire, mais permet à leurs parents de se rendre compte du mérite de l'enseignement qu'ils reçoivent dans la maison où ils sont placés, et c'est un avantage précieux pour ceux d'entre eux qui pensent que l'apprentissage doit être dirigé, contrôlé, et non laissé au hasard des événements

Les premiers concours eurent un autre résultat, non moins important, ils montrèrent que les qualités résultant de l'habileté manuelle, de la précision et de la finesse dans l'exécution, n'étaient pas suffisantes pour permettre aux apprentis de comprendre les tracés qu'on leur demandait d'exécuter, et qu'il leur fallait des connaissances en dessin que le plus grand nombre ne possédait pas.

La nécessité de développer l'enseignement du dessin chez les apprentis de l'ameublement devint évidente, et en 1869, M. Henri Lemoine, dans un discours prononcé à la distribution des récompenses du concours précédent, émettait le vœu que les apprentis soient préparés aux travaux des ateliers par l'étude du dessin industriel, et que le Patronage puisse compléter son œuvre en organisant une école, donnant un enseignement spécial et bien approprié aux besoins de notre industrie.

Malheureusement, à ce moment, les ressources du Patronage étaient restreintes et ne permettaient pas de donner suite à ce vœu, ce n'est que quatre années après, en 1873, avec l'aide du Conseil municipal accordant une subvention de 3.000 francs, qu'il put être réalisé.

L'école de dessin du Patronage fut ouverte le 20 octobre 1873, passage Saint-Pierre, rue Saint-Antoine, dans un local prêté par la Ville, avec 46 élèves. Tout était à créer, installation, modèles d'enseignement, programmes, mais grâce au dévouement de quelques membres du Conseil d'administration, le nécessaire fut fait, et il est juste d'en reporter la plus grande part à la mémoire de M. Fresson, secrétaire-administrateur jusqu'en 1902, qui composa les premiers modèles pour l'enseignement de l'Ebénisterie et organisa l'enseignement général de l'Ecole en lui donnant, dès le début, ce caractère professionnel, qui a été développé depuis, et qui est si apprécié des élèves. Aussi, le succès ne se fit pas attendre, le nombre des élèves dépasa la centaine, et la place fit bientôt défaut pour donner satisfaction à toutes les demandes d'admission.

En 1880, le local laissé à la disposition du Patronage depuis 1873, lui fut retiré, la Ville voulant l'utiliser pour y installer une école de filles, mais la subvention annuelle, eh compensation, fut portée à *6.000 fr.* par le Conseil municipal. Après un court séjour dans des locaux libres, faubourg St-Antoine, 59, l'Ecole fut installée passage du Chantier, dans des salles spacieuses permettant une meilleure installation, et les cours qui, jusqu'à ce moment, n'avaient eu lieu que trois jours par semaine, les lundi, mercredi et vendredi, se composant de dessin à vue, modelage et tracés de plans, furent complétés par un cours de géométrie appliquée, ayant lieu le mardi et le jeudi.

En 1891, l'immeuble du passage du Chantier ayant été acheté par la Ville pour y installer une école primaire, le Patronage fut encore obligé de se déplacer. Il vint s'installer, 77, avenue Ledru-Rollin, où se trouvent actuellement réunis ses services : secrétariat et école.

Pendant la longue période écoulée depuis sa fondation, le Patronage ne perdit pas de vue le but indiqué par ses fondateurs : l'amélioration de l'apprentissage, non seulement dans l'intérêt des apprentis, et par suite des parents et des patrons, mais surtout dans l'intérêt de l'industrie, de ses progrès et de sa prospérité. Ses administrateurs suivaient avec attention les transformations profondes que la fabrication et le commerce des meubles subissaient depuis 1870 et cherchaient, dans la mesure que le leur permettaient des ressources restreintes, à répondre aux besoins que ces transformations créaient.

Ils le faisaient dans l'organisation, chaque année, des concours, en augmentant les difficultés des sujets à exécuter et en les mettant en rapport avec la valeur professionnelle des apprentis devenant, avec le temps, de plus en plus grande.

Ils le faisaient, en augmentant les matières enseignées dans les cours de l'Ecole, en rendant son enseignement plus scientifique et plus artistique, mais, en le maintenant dans une proportion le laissant à la portée de la mentalité spéciale des élèves des cours du soir, et en développant son caractère professionnel expérimental par l'étude d'applications directement réalisables dans les diverses professions exercées par les jeunes gens fréquentant l'Ecole.

Dès l'Exposition de 1889, les progrès réalisés par les étrangers sont rendus visibles par l'influence, sur leurs artisans, d'écoles professionnelles créées en nombre et répandant chez eux une instruction artistique qui, jusqu'à nos jours, leur avait manqué; par l'exposition de produits n'étant plus la copie, plus ou moins heureuse, de nos meubles et de nos styles, mais possédant un caractère particulier, reflet de leurs usages et de leurs mœurs.

Dès 1889, à la suite de l'exposition, dans les centres mondains, chez les artistes, chez les industriels, un courant d'opinions se produit en faveur de la création, d'un style moderne, ne s'inspirant plus des styles passés, cherchant la source de son caractère dans les éléments si variés que nous offre la nature, répondant aux besoins de notre société démocratique, qui se transforme chaque jour, et est si différente dans sa manière de vivre et de penser des sociétés qui nous ont précédé, même de celles, si près de nous encore, qui vivaient sous le Second Empire et dans la première moitié du XIXe siècle.

Dans les écoles d'art décoratif, préparant des dessinateurs pour les industries où le décor joue le rôle principal, un enseignement orienté vers cet idéal est créé. Aux salons annuels, une section d'art industriel est ouverte; les artistes ne croient plus déchoir, en exposant à côté de leurs tableaux et de leurs statues, des projets d'objets usuels conçus dans cet esprit. Les revues d'art décoratif et les publications qui s'intéressent à ces questions les répandent dans le public, amenant les industriels à faire des efforts pour suivre ce courant d'idées.

Le Patronage ne pouvait rester indifférent à ce mouvement en faveur de la création d'un style moderne. Aussi, en 1898, ajoute-t-il à ses concours professionnels entre apprentis et jeunes ouvriers, un concours entre dessinateurs ayant pour but de créer chez eux une émulation les entraînant à la recherche de compositions décoratives nouvelles, répondant aux mœurs et aux besoins du jour.

Ce concours entre dessinateurs eut un autre résultat, il permit aux élèves des écoles d'art décoratif, préparant des dessinateurs pour les industries qui ont le dessin comme point de départ, de se mettre en rapport avec les industriels pouvant les employer, de se faire connaître et apprécier par eux, et en cela, ce concours restait dans le programme que s'étaient proposé les créateurs du Patronage : être utiles à l'industrie, en aidant les jeunes gens, faisant leur apprentissage dans les écoles, à se placer; er facilitant aux industriels le choix d'employés **dont ils** ont besoin de connaître la valeur professionnelle.

Pour faciliter le rapprochement entre les concurrents et les chefs de maison, les dessins du concours furent exposés chaque année, publiquement, pendant quinze jours, et des invitations envoyées à toutes les personnes qui appartiennent aux industries de l'ameublement, aux dessinateurs industriels, aux architectes, aux critiques d'art, aux revues et journaux s'intéressant aux arts décoratifs.

Le première exposition du concours de dessinateurs en 1898, donna l'idée d'admettre, à côté des dessins, des objets exécutés, sous condition qu'ils aient une originalité et un caractère artistique nouveaux et non connus dans le commerce. C'était étendre, des dessinateurs qui ne savent que concevoir, à ceux qui conçoivent et exécutent leurs œuvres, le moyen de se faire connaître de l'industrie et du public spécial invité à visiter cette exposition.

Depuis 1889, cette exposition de travaux artistiques concourant à la décoration du mobilier, comprenant toute œuvre, projets, dessins, maquettes ou objets terminés, tels que: dessins d'ensemble, peintures décoratives, motifs de sculptures, ferrures apparentes, bronzes, galvanos, cuirs gaufrés et ciselés, marqueteries, broderies et applications sur étoffe, toiles et papiers peints, céramiques, pyrogravure, etc., a eu lieu. Elle n'a pas pris l'importance qu'elle aurait dû avoir, toujours parce que les ressources financières du Patronage ne l'ont pas permis, mais l'idée reste entière, elle est juste, elle recevra son complet développement dans l'avenir.

Telle est, considérée au point de vue de son origine, de son développement et des services qù'il a rendus, l'histoire du Patronage des Enfants de l'Ebénisterie.

Son utilité est incontestable. Il a été créé pour remédier à des lacunes qui existaient dans l'industrie, en 1866; qui, à ce moment, n'apparaissaient pas à tous, même aux intéressés, mais qui, aujourd'hui, sont reconnues et incontestées.

Il s'est développé à mesure que les besoins de l'industrie, devenant de plus en plus grands, par suite des transformations subies depuis plus de trente ans, le lui imposaient.

Il aurait pu faire plus, si ses ressources le lui avaient permis, mais ses ressources sont modestes, et sans le dévouement de ceux de ses membres qui font partie de son Conseil d'administration, de ses jurys, de ses commissions d'études, de son corps de professeurs, qui, tous, apportent leur part de travail avec un désintéressement qu'on ne saurait trop mettre en lumière, il n'aurait pu rendre les services qu'il a rendus, et prendre parmi les sociétés d'enseignement professionnel, créées par l'initiative privée, le rang qu'il occupe et qui le fait apprécier par les pouvoirs publics qui le subventionnent.

Son organisation - Ses concours

Nous avons vu par l'historique du Patronage des Enfants de l'Ebénisterie pendant les trente-huit années écoulées depuis sa fondation, et par la rédaction de l'article premier de ses statuts, que son but est et a toujours été: l'amélioration de l'apprentissage et le développement de l'instruction technique dáns les diverses professions de l'Ameublement.

Il a poursuivi ce but en créant son école de dessin, ses concours professionnels annuels entre apprentis et jeunes ouvriers et entre dessinateurs, et il l'a atteint à l'aide d'une organisation s'appuyant sur l ensemble des membres de son industrie, des patrons comme des ouvriers qui veulent bien adhérer à ses statuts et lui apporter la collaboration de leur expérience de la vie industrielle. Largement ouvert aux deux éléments du travail il a pu ainsi ajouter, aux avantages matériels que leur association pouvait lui donner, une force morale dont l'influence n'a pas été un des moindres éléments de son succès.

La société du Patronage Industriel des Enfants de l'Ebénisterie se compose de membres adhérents versant une cotisation annuelle de douze francs. Elle est administrée par un conseil élu chaque année, en assemblée générale des sociétaires.

Les ressources de la société sont les cotisations annuelles de ses adhérents, les subventions des Ministères du Commerce, de l'Instruction Publique, de la Ville de Paris, de la Chambre de Commerce, de Sociétés diverses; les allocations et dons qu'elle reçoit, les recettes d'une tombola organisée périodiquement et réalisant la valeur des travaux exécutés chaque année par les concours.

Le conseil d'administration est composé de membres pris parmi les sociétaires; il se compose d'un président, deux vice-présidents, un secrétaire, un trésorier et vingt-cinq conseillers; il se réunit une fois par mois pour examiner les questions intéressant l'administration de la société, le fonctionnement de l'Ecole, l'organisation des concours professionnels; il nomme les commissions d'études et les jurys nécessaires pour la mise en œuvre des concours, dont les membres peuvent être choisis en dehors des adhérents au Patronage.

Le trésorier a dans ses attributions l'administration des finances de la société, maintenue dans les limites d'un projet de budget voté chaque année en assemblée générale.

Les cours de l'école ont lieu tous les jours de la semaine de 8 heures à 10 heures, le soir, excepté le samedi et pendant les vacances, qui se donnent du 15 décembre au 15 janvier, et du 14 juillet au 31 août. Ils sont gratuits et accessibles à tous les apprentis et ouvriers de l'Ameublement, sans aucune distinction, sauf la nationalité qui doit être française.

Les concours manuels se font entre apprentis et jeunes ouvriers jusqu'à vingt et un an, ils ont lieu le dimanche pendant les mois de novembre et de décembre ; le concours de dessinateurs et l'exposition des projets qui y prennent part, au mois de mars suivant. Aucune restriction n'est apportée à l'admission aux opérations de ces concours en dehors de la limite d'âge pour les concours manuels, le concours de dessinateurs ne maintenant pas cette limite.

Des récompenses sont accordées aux élèves qui suivent avec succès les cours de l'école, et aux lauréats des concours; elles consistent en prix d'argent, livrets de caisse d'épargne réalisables à la majorité, objets d'art, livres, outils, etc.

La distribution des récompenses a lieu au mois d'avril à la Mairie du quatrième arrondissement, sous la présidence d'une personnalité notable appartenant aux pouvoirs publics, au monde artistique ou à l'industrie.

Le budget du Patronage a, de tout temps, présenté cette particularité que ses recettes annuelles ont été inférieures à ses dépenses, et que les déficits qui en sont résultés auraient arrêté son fonctionnement si des dons importants, remis par la corporation à la suite des grandes expositions, n'étaient venus, en temps utile, rétablir l'équilibre. Ce détail mérite d'être mis en lumière, car il fait ressortir, sans diminuer la grande part et le mérite qui reviennent à ses administrateurs et à ses professeurs, dont, seul, le dévouement permet les progrès de la société, que l'existence même du Patronage a dépendu de la corporation, intervenant aux moments difficiles, montrant ainsi combien l'industrie parisienne du Meuble a conscience des devoirs que lui impose l'extension de l'enseignement technique, chez les apprentis et jeunes ouvriers, en vue de maintenir sa prospérité et sa supériorité.

Voici le détail des recettes et des dépenses effectuées pendant l'exercice 1903-1904, dont les chiffres sont, à peu de chose près, les mêmes que ceux des exercices précédents :

DÉPENSES

Frais généraux. — Loyer	2.423 40
Assurance et enregistrement	66 65
Éclairage	685 75
Entretien journalier	480 »
Entretien du mobilier	386 94
Concierges	40 »
Gratifications	100 »
Imprimés et fournitures	416 10
Divers	66 30
à reporter	4.665 14

report.....	4.665 14
Ecole. — Secrétaire administrateur..........	600 »
Professeurs.................................	2.187 »
Fournitures scolaires......................	284 95
Concours manuel.........................	1.516 78
Concours de Dessinateurs................	558 40
Récompenses. — Livrets de caisse d'épargne.	1.078 »
Livres.....................................	392 65
Médailles..................................	242 50
Outils.....................................	936 »
Espèces, achèvement du meuble..........	140 »
Dessinateurs..............................	462 35
Distribution des prix....................	944 95
Matériel.................................	266 »
Dépenses exceptionnelles................	75 63
TOTAL.....	14.350 35

RECETTES

Ville de Paris.............................	5.750 »
Ministère du Commerce....................	1.000 »
Ministère de l'Instruction publique.........	100 »
Chambre de Commerce....................	100 »
Chambre syndicale de l'Ameublement......	300 »
Chambre syndicale des Bois d'Ebénisterie...	50 »
Chambre syndicale de la Miroiterie........	50 »
Chambre syndicale ouvrière de la Marqueterie....................................	30 »
Société de protection des apprentis.........	150 »
Donateurs (dons argent)...................	2.145 »
Cotisations des Sociétaires................	1.832 »
TOTAL.....	11.507 »

Plus : le Conseil d'administration estime que les Concours du Patronage exécutent annuellement des travaux ayant une valeur réalisable approximative de................ 1.000 »

Telle est, dans ses grandes lignes, l'organisation du Patronage, les moyens d'action dont il dispose, qui lui ont permis de répandre l'instruction technique dans les diverses professions de l'Ameublement ; de résoudre les difficultés que présente l'enseignement théorique s'adressant aux apprentis et aux élèves des cours du soir ; d'atteindre les résultats qu'il a obtenus et qui sont rendus incontestables par une population d'élèves nombreux, se recrutant d'eux-mêmes chaque année, trouvant utile de suivre les cours de son école, de prendre part à ses différents concours ; résultats qui ont été constatés encore, dans les expositions universelles, par les jurys de l'enseignement technique et de l'Ameublement, l'un, appréciant ses méthodes et procédés d'enseignement au point de vue pédagogique, l'autre, au point de vue de l'enseignement des métiers, et qui lui ont décerné, en 1878 *une médaille d'argent*, en 1889 *une médaille d'argent* et *deux médailles d'or*, en 1900 *une médaille d'or* et *un grand prix*.

Nous avons vu comment les différents services du Patronage ont été créés successivement, depuis 1866, à mesure que les exigences de l'industrie les imposaient.

Ce fut, au début même du Patronage, l'organisation des concours annuels entre apprentis des diverses professions de l'Ameublement, donnant à la société, créée dans une seule intention philanthropique et d'assistance morale, un caractère bien spécialement professionnel.

Ces concours ont été, dès l'origine, accueillis avec faveur par les apprentis ; il se sont continués depuis 1867, chaque année, sans interruption, sauf l'année de la guerre, en 1870, et ils ont été et sont encore suivis par une moyenne de *210* concurrents, heureux de faire valoir dans ces luttes professionnelles, leur valeur technique personnelle.

Mais l'organisation de ces concours n'a pas été sans présenter des difficultés qu'il a fallu surmonter successivement avant de trouver la formule qui répond à toutes les exigences en mettant en présence les apprentis et jeunes ouvriers jusqu'à 21 ans, de même profession et de même nombre d'années d'apprentissage ou de pratique de la profession ; en leur donnant à exécuter un travail en rapport avec l'habileté professionnelle qu'ils doivent posséder; et en composant ces travaux de telle sorte que, réunis, ils constituent un ensemble utilisable.

Ces concours se font actuellement entre *menuisiers en sièges, ébénistes, sculpteurs, et marqueteurs.* Pendant les premières années, et pendant longtemps, il y a eu, en outre, des concours de *tourneurs* et de *découpeurs ;* mais l'emploi de la vapeur comme force motrice, remplaçant dans les ateliers l'action du pied, en produisant chez les tourneurs une décroissance sensible de la valeur artistique de leurs travaux, et comme conséquence, de leur valeur professionnelle personnelle, les a amenés à se désintéresser de ces concours, dont les sujets à exécuter devenaient trop délicats pour eux ; et les risques occasionnés par l'emploi des machines, pour les découpeurs, ont éloigné également les patrons et les apprentis de cette profession.

Pour concourir il faut déclarer ses nom et prénoms, la date et le lieu de sa naissance, sa profession, la date d'entrée en apprentissage ; ces déclarations doivent être certifiées exactes par les parents, tuteurs ou patrons. Lorsque les inscriptions sont closes les élèves sont classés par profession et par nombre d'années d'apprentissage ; il y a ainsi dans chaque profession des apprentis de première, deuxième, troisième et quatrième années, des ouvriers de cinquième et sixième années.

Un sujet de travail est étudié pour chaque profession comprenant une partie, pour chaque année, de difficultés graduées correspondant à la valeur professionnelle que les élèves ont dû acquérir avec le temps écoulé depuis leur entrée en apprentissage. Ces travaux doivent être établis de telle sorte qu'ils puissent s'exécuter en une journée par la première année, deux journées par la deuxième année, trois journées par la troisième, et ainsi de suite jusqu'à la sixième année qui ne doit pas demander moins de six journées de travail, mais qui, le plus souvent, nécessite une et même deux journées en plus.

Pour les menuisiers en siège, chaque année exécute un siège entier, de plus en plus difficile à mesure que le nombre d'années augmente ; mais pour les ébénistes, sculpteurs et marqueteurs, le sujet composé constitue un ensemble pouvant se diviser en six parties remplissant les conditions qui viennent d'être indiquées pour l'exécution par chaque année d'apprentissage.

Les plans des sièges et les calibres nécessaires sont établis et remis, le jour du concours, aux concurrents qui doivent, en exécutant, les suivre fidèlement et résoudre les difficultés qu'ils présentent.

Pour les ébénistes, un meuble est composé, un plan d'exécution de l'ensemble et de chaque partie correspondant au nombre d'années d'apprentissage est établi, et les plans partiels sont reproduits en nombre suffisant pour être remis à chaque concurrent qui doit les exécuter avec précision.

Pour les sculpteurs, un objet, se prêtant à une riche décoration sculptée, est composé également ; un modelage en est établi, le représentant en grandeur naturelle ; des moulages sont faits de chacune des parties devant être exécutées par chaque année, et un moulage est remis comme modèle, à deux élèves qui ont à l'interpréter et à le reproduire en bois.

Enfin pour les marqueteurs, un petit meuble, coffret, pupitre, jardinière, ou autre se prêtant à une décoration en marqueterie sans nécessiter, pour le construire, la trop grande intervention d'un ébéniste, est également composé. Cette composition doit permettre l'établissement de six motifs de marqueterie répondant, comme difficultés d'exécution, aux six divisions d'élèves.

La préparation des bois de ces différents objets, leur sciage correspondant au nombre d'élèves inscrits, constitue un travail et une dépense considérable ; dépense qui n'est pas en rapport avec la valeur des objets terminés et pouvant être utilisés, les premiers prix de chaque année pouvant seuls servir pour constituer l'ensemble, les autres étant abandonnés et perdus.

Cette préparation terminée les élèves reçoivent, avec la mention du jour où doit commencer le concours, une carte sur laquelle est imprimé un numéro d'ordre, avec l'indication que cette carte doit être fixée sur le travail terminé, sans que le numéro apparaisse. Ce n'est qu'après le classement des travaux par le jury que la carte est détachée et, découvrant le numéro, permet, en se reportant au livre d'inscription, de connaître le nom de l'élève.

Pendant longtemps les élèves ont été, pour l'exécution de leur concours, répartis dans les ateliers que les fabricants voulaient bien mettre à la disposition du Patronage, le dimanche. Il en résultait des inconvénients nombreux : une gêne pour les maisons qui prêtaient leurs ateliers plusieurs dimanches de suite, quelquefois pendant deux mois, pour celles qui acceptaient la sixième année ; une difficulté pour la surveillance et la discipline ; la répartition, dans plusieurs ateliers trop petits, d'élèves de même année, exécutant un même travail sans être placés dans de mêmes conditions.

Depuis *1900* ces difficultés ont disparu. La direction de l'enseignement de la Ville, en autorisant, tous les ans, le Patronage à faire ses concours dans les vastes locaux de l'école Boulle, a permis de réunir, dans un même atelier, tous les élèves de même année et d'établir une surveillance apportant une garantie de plus à la sincérité du concours.

Quand les travaux sont terminés, un jury composé de fabricants, de professeurs, de contremaîtres, et d'ouvriers est constitué ; il les examine, les classe et indique le nombre de récompenses à accorder. Les premiers prix des six années d'ébénisterie sont remis ensuite à l'élève de sixième année qui a été classé premier et qui est chargé de monter et terminer le meuble. Il reçoit pour ce travail une récompense spéciale, s'ajoutant à la valeur de son prix de sixième année.

Pour les autres professions le Patronage fait terminer les travaux en dehors des élèves, les sculpteurs et les marqueteurs n'ayant pas la compétence nécessaire pour le faire.

Tels sont l'organisation et le fonctionnement des concours manuels du Patronage. Ils réalisent chaque année des meubles divers, de valeur importante, possédant un caractère spécial résultant de leur composition en vue de ces concours, mais cependant permettant de les utiliser.

Très simples à l'origine les difficultés d'exécution présentées par les travaux donnés en concours ont été en augmentant à mesure que les progrès des participants l'ont permis. Comparés entre eux les travaux de ces concours annuels peuvent montrer la marche de l'enseignement technique de nos métiers depuis plus de trente ans et faire la preuve que la valeur professionnelle des apprentis n'est pas en décroissance dans l'industrie du meuble à Paris.

Mais où leur action a été surtout bienfaisante, c'est par l'émulation qu'ils ont créée chez les jeunes-gens qui y prennent part et qui font des efforts pour être bien classés ; c'est par l'intérêt incontestable qu'ils présentent et qui permet de réunir chaque année, depuis trente-huit ans, un nombre considérable de ces jeunes gens qui n'hésitent pas à sacrifier leurs dimanches, jours de repos bien légitime après la semaine de travail, pour montrer leur habileté et leur connaissance du métier ; acquérir, en résolvant les problèmes que les sujets du concours ont posés, une science plus grande que celle qu'ils peuvent posséder.

Inscrits nombreux dans les premières années d'apprentissage, ils diminuent de nombre tous les ans, et ne restent que quelques-uns en cinquième et sixième années; mais ces quelques-uns sont ceux qui ont su se pénétrer des beautés du métier, qui l'aiment pour la dépense d'intelligence qu'il demande quand on veut le pratiquer avec toutes les connaissances qu'il exige, et qui, animés de cet amour, sont bien les sujets qui feront honneur à la profession et sauront, par leurs travaux, la maintenir à la hauteur de son passé et des exigences du temps présent.

Voici le nombre des élèves qui ont pris part aux concours du Patronage depuis leur origine en 1867.

1867 — 53 élèves	1880 — 242 élèves	1892 — 178 élèves
1868 — 72 «	1881 — 234 «	1893 — 205 «
1869 — 112 «	1882 — 259 «	1894 — 194 «
1871 — 126 «	1883 — 269 «	1895 — 195 «
1872 — 124 «	1884 — 263 «	1896 — 170 «
1873 — 163 «	1885 — 242 «	1897 — 170 «
1874 — 293 «	1886 — 222 «	1898 — 186 «
1875 — 350 «	1887 — 215 «	1899 — 153 «
1876 — 339 «	1888 — 184 «	1900 — 176 «
1877 — 279 «	1889 — 185 «	1901 — 225 «
1878 — 253 «	1890 — 219 «	1902 — 238 «
1879 — 257 «	1891 — 212 «	1903 — 225 «

Les concours dont l'organisation vient d'être décrite sont des concours manuels et ne s'adressent qu'aux apprentis et jeunes ouvriers qui, dans l'industrie, exécutent les travaux d'après des dessins et des plans qu'ils ne font pas eux-mêmes, mais qui sont composés par des dessinateurs, de leur côté, ne sachant pas exécuter leur conception. En 1898, on eut l'idée d'organiser, également chaque année, un concours entre ces dessinateurs.

J'ai déjà indiqué sous quelle influence les administrateurs du Patronage avaient été amenés à créer ces concours. Après l'exposition de 1889 un courant d'opinion s'était prononcé en faveur de la naissance d'un style moderne, abandonnant la copie des styles anciens et cherchant son inspiration décorative dans les éléments que donne l'étude de la nature. Le Patronage en organisant ce nouveau concours voulut créer chez les dessinateurs une émulation les entraînant à la recherche de compositions nouvelles donnant satisfaction à ce courant d'idées.

C'est bien dans ce sens que le règlement du concours fut rédigé. Il indiquait encore qu'il avait pour résultat de permettre aux talents originaux de se faire connaître et apprécier par les industriels pouvant les employer.

Toute personne, sans distinction d'âge, peut prendre part au concours, et une exposition publique des projets qui y participent a lieu pendant les quinze jours qui suivent le classement par le jury.

Le concours se compose de deux épreuves :

1° Une étude de l'ensemble du sujet donné faite librement par les concurrents.

2° Une étude d'un sujet restreint se rattachant au sujet principal, faite en cinq heures, au siège du Patronage, sans aucune communication extérieure.

Trois sujets pour cette seconde épreuve sont indiqués le jour même du concours et le sort désigne celui qui sera traité. Les deux épreuves sont jugées séparément, les notes données par le jury ont le coefficient *un* pour la première, et le coefficient *trois* pour la seconde. Les moyennes de ces deux notes donnent le classement des concurrents.

Le jury est composé de quatre membres désignés par le Patronage et de quatre membres nommés à l'élection par les concurrents. Ces huit membres sont présidés par une personnalité de notoriété artistique sollicitée par le Patronage.

Les récompenses se composent de prix, accessits et mentions. Les six premiers prix reçoivent, le premier *100* fr., le second *75* fr., le troisième *50* fr., le quatrième *35* fr., le cinquième *20* fr. et le sixième *10* fr. Les concurrents ayant obtenu le premier prix dans les concours précédents, s'ils veulent concourir de nouveau, sont mis hors concours, il leur est attribué un prix de valeur correspondant à celui que leur donnerait leur classement s'ils concouraient effectivement et si leurs projets étaient encore classés parmi les six premiers.

Ces concours existent depuis 1898, ils ont été successivement présidés par Messieurs SANDIER, directeur artistique de la manufacture nationale de Sèvres; FRANTZ JOURDAIN, architecte, critique d'art; GENUYS, directeur des études de l'école nationale des arts décoratifs; LUCIEN MAGNE, professeur à l'école des beaux arts; EMILE TRÉLAT, directeur de l'école spéciale d'architecture; MOYAUX, professeur à l'école des beaux arts; et pour le dernier concours, M. SANDIER, qui avait présidé le premier.

Ces concours eurent un résultat inattendu. Créés pour intéresser les dessinateurs professionnels, travaillant dans l'industrie, ils ne les attirèrent pas ou peu ; au contraire ils furent appréciés par les élèves des écoles d'art décoratif et d'apprentissage de la ville qui comprirent qu'ils leur donnaient un moyen de se mettre en rapport avec l'industrie et d'y trouver des emplois ; et en effet chaque concours a permis le placement de quelques-uns de ces jeunes gens.

En donnant aux élèves des écoles cette facilité de se faire connaître dans une industrie aussi considérable que l'Ameublement, le Patronage a diminué une des difficultés qu'ils rencontrent quand, leurs études terminées, ils cherchent à les utiliser et à se faire une situation dans les professions qui pourraient les employer, mais avec lesquelles, n'ayant pu être mis en rapport pendant leurs années de fréquentation scolaire, ils n'ont généralement pas de relations ; et ces concours de dessinateurs ont eu pour résultat, en dehors de celui poursuivi par ses organisateurs, de favoriser la solution d'un des problèmes, et non des moins importants, qu'ont à résoudre les écoles professionnelles : le placement de leurs élèves à la fin des études.

Voici le nombre des inscriptions que chacun de ces concours a recueillies :

1898 — 51 inscriptions.	1902 — 118 inscriptions.	
1899 — 62 «	1903 — 138 «	
1900 — 73 «	1904 — 38 «	
1901 — 91 «		

Les projets classés premiers dans ces concours ont été reproduits et conservés par le Patronage. Ils constituent une collection qui montre le degré d'originalité dans la composition, d'habileté dans le rendu, que possèdent les tout jeunes gens qui les ont conçus. Ils permettent de penser qu'en entrant dans l'activité industrielle avec un bagage de connaissances déjà aussi développées ils apporteront, pour la production, des éléments qui permettront d'en rehausser la valeur artistique.

Tels sont les différents concours organisés par le Patronage industriel des enfants de l'ébénisterie. Leur succès auprès des jeunes gens qui les suivent assidûment depuis tant d'années, les travaux qu'ils ont réalisés, permettent d'affirmer qu'ils ont rendu à nos professions du meuble des services répondant bien au but que les administrateurs du Patronage se sont imposé, et que pendant la longue période de leur existence, ils ont eu, appuyés par l'enseignement de l'Ecole de dessin, qu'il nous reste à examiner, une influence incontestable sur les progrès réalisés par notre industrie depuis plus d'un quart de siècle.

Son école - Ses méthodes d'enseignement

Les premiers concours professionnels, à l'origine du Patronage, avaient fait reconnaître que l'habileté de la main, la finesse de l'exécution, étaient insuffisantes pour permettre de réaliser un travail représenté par un tracé; de comprendre ce tracé et de l'interpréter fidèlement; qu'il était nécessaire que l'habileté manuelle soit complétée par des connaissances résultant d'un enseignement du dessin, appliqué à la profession.

N'est-il pas remarquable que cette constatation, faite il y a plus de trente-cinq ans: que l'habileté manuelle ne suffit pas pour créer la valeur professionnelle et que les connaissances apprises à l'atelier, doivent être doublées de connaissances apprises à l'école, ait posé le principe sur lequel doit être basé l'apprentissage moderne?

L'école du Patronage fut ouverte en 1873 à l'aide d'une subvention accordée par le Conseil municipal. Créé par des industriels, connaissant par expérience les lacunes de l'apprentissage dans l'atelier; sachant, pour en souffrir dans leurs travaux, quelles étaient les notions qui manquaient aux ouvriers, l'enseignement du Patronage, dès le début, a été surtout professionnel et expérimental en donnant, comme sujets d'étude, des exemples pris parmi les travaux exécutés journellement dans les ateliers, soit par les élèves eux-mêmes, soit par les ouvriers travaillant à côté d'eux. Des professeurs choisis parmi des contremaîtres de l'industrie ajoutaient encore, à ces qualités techniques des modèles, celles résultant de leur propre expérience du métier.

Pour les sculpteurs, des cours de modelage et de dessin à vue furent institués. S'adressant à des enfants ne possédant aucune notion de cet enseignement, il fut élémentaire, donnant comme modèle à reproduire les plâtres classiques; et en cela le Patronage resta semblable aux cours similaires professés dans les écoles d'enseignement général.

Mais il n'en fut pas de même pour l'ébénisterie dont l'enseignement théorique n'existait pas. Des modèles furent composés spécialement, représentant des moulures, des profils de tournage, des éléments de construction, des parties de meubles et des meubles entiers, avec leur décoration et leurs assemblages dessinés selon les usages professionnels. Les élèves retrouvaient dans ces modèles les plans d'exécution qu'on confiait aux ouvriers, dans les maisons où ils travaillaient, pour la fabrication des meubles.

Ces modèles présentaient un double avantage: ils apprenaient aux élèves, par leurs tracés, les éléments du dessin géométrique, le maniement du crayon, de l'équerre et du compas, et en leur apprenant à dessiner un objet qui sera exécuté, ils leurs apprenaient en même temps la technique même du métier, représentée, sur le dessin, par les détails de construction.

L'orientation donnée à l'enseignement du Patronage a été résumée dans un rapport remarquable rédigé par M. Fresson, secrétaire administrateur, qui, pendant longtemps, a été le directeur des études de l'Ecole, et voici la partie de ce rapport qui indique le programme qu'avaient adopté les administrateurs du Patronage en fondant l'école; lequel dans ses grandes lignes, est encore celui qui devrait diriger les cours du soir appliqués à l'Ebénisterie

« Il s'agit, non de créer une école artistique où les « élèves sont initiés à toutes les finesses de l'art, mais

« bien un enseignement destiné à éclairer ou à établir
« la théorie professionnelle de l'Ebénisterie. De là, la né-
« cessité d'avoir pour professeurs des hommes du métier.

« Le programme d'études comporte trois sections. La
« première a pour but l'étude des moulures et des pro-
« fils; dans cette première partie l'élève s'habitue à ma-
« nier la règle et le compas en même temps que ses
« doigts se plient aux exigences des contours. Cette
« étude marche de pair avec celle des profils, pieds, ba-
« lustres, colonnes, en un mot avec les principaux élé-
« ments décoratifs du meuble. L'étude de l'ornement
« doit être simple et toujours basée sur la construction.

« Dans la seconde section, l'élève déjà familiarisé
« avec les détails abordera le plan d'ensemble. Pour cela
« on lui démontrera la construction des meubles ordi-
« naires usuels, en lui inculquant l'idée des proportions.
« Ces formules toujours faciles, procéderont du simple
« au composé. Sa construction amènera à lui parler des
« matières employées, des bois, leurs mesures commer-
« ciales, leur provenance, la manière de les débiter eu
« égard à leurs qualités où à leurs défauts, en subordon-
« nant le meuble à ces conditions essentielles. L'applica-
« tion de l'ornement prendra une plus large place dans
« cette section.

« Enfin dans la dernière section, l'élève qui connaît
« la valeur des matériaux à employer, qui a déjà quel-
« ques connaissances des styles, sera initié à l'étude des
« meubles anciens. Il pourra reconnaître la différence
« des procédés de fabrication motivée par celle des ma-
« tériaux et on lui fera utiliser tous les éléments qu'il
« aura ainsi recueillis dans la composition de meubles
« aussi usuels, aussi pratiques que possible.

« L'enseignement de l'école devra être précis, dégagé
« de toute prétention savante, son but étant de faire des
« ouvriers intelligents et non des artistes. Les élèves en
« doivent retirer ce profit, de mieux aimer leur métier en

« apprenant à le connaître, et ceux qui ont en eux les
.« aptitudes convenables y trouveront certainement les
« moyens de l'élever au niveau de l'art.

« Le travail des professeurs devrait être complété par
« des conférences courtes, mais claires, sur les différentes
« parties techniques du métier, les styles, ce qui en cons-
« titue les différences, l'histoire de l'Ameublement, celle
« des corporations qui s'y rattachent, etc.

Et ce rapport concluait ainsi:

« Telles sont les idées que nous voudrions voir mettre
« en pratique; elles renferment dans leur simplicité tout
« ce qu'il est essentiel de connaître pour se perfectionner
« dans l'Ebénisterie. Viser plus haut ce serait entrer
« dans des considérations étrangères au but de l'Ecole,
« qui n'a sa raison d'être qu'autant qu'elle conservera
« son modeste caractère professionnel ».

Un enseignement ainsi conçu, excluant dans ses déve-
loppements tout ce qui, trop abstrait, pouvait ne pas être
à la portée des élèves; se cantonnant dans la démonstration des applications professionnelles, ne pouvait ne pas
intéresser les apprentis. Aussi son succès fut-il immédiat
et, dès les commencements de l'Ecole, les demandes d'admission dépassèrent les places disponibles.

Mais les années s'écoulant, des progrès furent réalisés,
les élèves se présentèrent avec une meilleure préparation
et les résultats obtenus par la fréquentation des cours, en
s'élevant, nécessitèrent l'élévation de l'enseignement. Les
modèles primitifs, représentant des exemples choisis
parmi les travaux les plus simples de l'industrie, ne de-
mandaient, pour leurs tracés, que des notions de géométrie plane, facilement compréhensibles pour les élèves qui,
d'ailleurs devaient les avoir apprises à l'école primaire; mais bientôt il devint nécessaire d'étudier des
exercices plus difficiles, comportant des applications de
géométrie dans l'espace, dont l'étude n'est pas comprise
dans les programmes de l'enseignement primaire, et la

nécessité de créer un cours de géométrie, initiant les apprentis aux applications de la méthode des projections, devint évidente.

Ce cours fut créé en 1883.

Mais ici se présentèrent les difficultés que j'ai signalées dans la partie de mon étude sur l'apprentissage moderne, qui concerne les cours complémentaires du soir (1).

Voir, par des tracés au tableau, la position d'objets placés dans l'espace et représentés par des lignes conventionnelles; comprendre comment ces tracés conventionnels peuvent être établis à l'aide de combinaisons de lignes ou projections, était au-dessus de l'effort possible pour la grande majorité des élèves, fatigués par le travail de la journée, ne sachant prendre des notes pour se rappeler les explications données, et ne pouvant, si on les leur dictait, les étudier dans la journée, les heures passées à l'école, le soir, étant les seules disponibles pour leurs études.

Pour vaincre ces difficultés, le Patronage usa du procédé qui lui avait déjà si bien réussi. Abandonnant les méthodes de l'enseignement classique pour des méthodes à la portée de ses élèves, leur rendant facilement compréhensibles les données géométriques, il établit une série de tableaux précisant les principes généraux sur lesquels sont basées les applications professionnelles, et compléta ces tableaux par des modèles en nature, composés de telle sorte que leur seule vue fait comprendre, la démonstration qu'ils appuient.

Pour la partie élémentaire, qu'il était utile de rappeler avant de commencer l'étude des projections, rejetant les tracés des manuels classiques ne représentant rien de réel, l'élément géométrique est indiqué par un objet usuel, familier aux élèves et dessiné sur le tableau. Ainsi, les lignes horizontale, verticale, oblique, au lieu d'être repré-

---

(1) *L'Enseignement technique des industries du Meuble*, chez Collemant, 66, rue de la Roquette.

sentées par trois lignes de positions différentes, sont indiquées par un dessin représentant un niveau de maçon ou de menuisier; les lignes parallèles par le dessin d'une règle; l'angle droit par le dessin d'une équerre et les angles obtus et aigus par le dessin d'une fausse équerre plus ou moins ouverte. Une série de tableaux conçus dans cet esprit résume les principes élémentaires qu'il est strictement nécessaire de connaître pour les élèves.

Pour la géométrie descriptive, des modèles en bois, représentant l'objet à projeter placé dans l'espace entre les deux plans de projection ayant leur position normale, et sur lesquels sont tracées les épures correspondantes; ces deux plans de projection, à charnières, pouvant se rabattre pour montrer l'épure telle que les élèves ont à la dessiner sur leur feuille de papier; rendent visibles et facilement compréhensibles les tracés au tableau et les explications du professeur.

A l'aide de ces modèles, les élèves comprennent et retiennent facilement le procédé géométrique. Pour les applications professionnelles et l'étude des problèmes que fait naître la fabrication, les modèles en nature, représentant des meubles ou parties de meubles, choisis parmi ceux qui sont journellement construits dans les ateliers, mais qui présentent pour l'exécution des difficultés spéciales, intéressent tout particulièrement les élèves qui s'assimilent, à l'aide de ces modèles, vite et facilement, les solutions géométriques, qu'ils donnent de ces difficultés. Difficultés qu'ils n'ont appris, dans les ateliers, à résoudre que par tâtonnements.

Et ces études de géométrie, ajoutées en 1883 au seul enseignement des tracés élémentaires, des plans de meubles; qui, au début, enseignées par les méthodes classiques, n'apparaissaient pas, aux élèves, comme utiles pour leurs travaux; qui n'étaient suivies par eux que parce qu'on les avait rendues obligatoires; ces études aussitôt organisées ainsi qu'il vient d'être dit, en les familiarisant avec les lois géométriques par des épures les montrant appliquées à la fabrication, ces études leur parurent bientôt aussi intéressantes que le cours spécialement technique dont ils préparaient les applications et facilitaient les tracés.

Dès 1883 le Patronage avait donc résolu le problème de l'enseignement professionnel s'adressant aux apprentis insuffisamment préparés pour le recevoir et s'en pénétrer par les procédés de l'enseignement classique. C'est la méthode employée par le Patronage, et les modèles qui permettent de l'appliquer, que les jurys des expositions de 1889 et 1900 ont appréciés avec faveur.

Ces procédés d'enseignement sont bien ceux qui peuvent avoir une action sur les apprentis n'ayant reçu d'autre préparation que celle que leur a donné l'enseignement primaire, et je puis, pour appuyer mon opinion, basée elle-même sur l'expérience faite au Patronage pendant vingt années, citer une autre expérience faite dans les écoles de la Ville, le soir, depuis 1894, avec des cours techniques organisés par M. Jully, inspecteur de l'enseignement manuel.

Je prends dans un rapport, rédigé par M. Rocheron, inspecteur adjoint de l'enseignement manuel, sur les cours techniques, les passages suivants qui confirment en tout point ce que j'ai affirmé précédemment.

« C'est après s'être rendu compte des besoins de l'in-
« dustrie et après avoir reconnu que, malgré les efforts
« faits et la bonne volonté évidente manifestée de diffé-
« rents côtés, la préparation intellectuelle des ouvriers
« était insuffisante, que M. Jully, inspecteur de l'enseigne-
« ment manuel, eut l'idée de créer à l'usage des appren-
« tis des industries du bois et du fer, des cours qu'on
« appelle *cours techniques*.

« Le caractère de ces cours devait être tel que tous les
« apprentis du métier dans lesquels on donne une forme

« géométrique à la matière d'œuvre puissent trouver une
« instruction générale appropriée à leur profession.

« Le programme de ces cours devait comprendre:

« 1° des leçons de géométrie et de dessin pratique.

« Dans ces leçons on ferait surtout de la géométrie
« concrète. On montrerait plutôt qu'on ne démontrerait
« les vérités mathématiques qu'il est indispensable à un
« ouvrier de connaître pour exécuter son travail d'une
« façon intelligente; de plus les élèves seraient exercés à
« exécuter le croquis coté d'une pièce quelconque, à rele-
« ver, à une échelle déterminée, ce croquis coté, et appren-
« draient les tracés pratiques usités dans l'industrie:

« 2° Leçons de technologie.

« Ces leçons auraient pour but de donner des notions
« exactes sur la forme et l'établissement des outils et de
« montrer leur appropriation parfaite à la matière qu'ils
« doivent travailler et à l'usage qu'on attend d'eux; de
« faire acquérir certaines connaissances scientifiques
« exactes sur les matières d'œuvre usitées dans l'industrie:
« fer, fonte, acier, soudure, brasure; bois indigènes et
« exotiques, constitution, conservation, vernis, colles,
« peinture, etc.

« 3° Application à l'atelier.

« Dans cette séance les tracés étudiés dans les leçons
« de dessin pratique seraient appliqués sur la matière
« d'œuvre. Les élèves confectionneraient des objets
« simples, des outils, des instruments dans lesquels ils
« trouveraient l'application des principes géométriques
« étudiés précédemment ».

Mais l'organisation de ces cours et les résultats qu'ils
donnent actuellement, n'ont pu être établis et obtenus de
suite. La création de ces cours, leur développement, a
donné lieu à des observations et des constatations qui
confirment celles que j'ai développées dans le courant

de cette étude et je crois utile, en citant encore le rapport de M. Rocheron, d'appuyer mes impressions personnelles de l'autorité qui se dégage de sa fonction d'inspecteur de l'enseignement manuel.

« Pour les mêmes raisons que pour les leçons scien-
« tifiques, l'assiduité aux cours de géométrie n'est pas
« celle qu'on pourrait espérer. Les apprentis ne com-
« prennent pas l'importance de ces connaissances; n'en
« voient pas l'application constante aux tracés pra-
« tiques; de plus l'attention soutenue,, le travail intellec-
« tuel nécessaire pour s'assimiler ces connaissances,
« les éloigne.

« Jusqu'en 1900 cet enseignement avait été confié aux
« instituteurs, malgré leur zèle et leur dévouement
« cet enseignement restait trop théorique, pas assez
« pratique. Il ne pouvait d'ailleurs en être autrement
« Pour donner cet enseignement technique intéres-
« sant et profitable il faut avoir une vue très nette
« des méthodes et des procédés usités dans l'in-
« dustrie moderne et cela ne peut s'acquérir que par
« une longue fréquentation des ateliers. Les instituteurs
« ne pouvaient avoir cette culture spéciale, aussi la fré-
« quentation s'en ressentait. Dans quelques cours l'insti-
« tuteur ayant donné sa démission fut remplacé par des
« maîtres ouvriers et immédiatement le nombre des au-
« diteurs augmenta.

« Il semble que l'apprenti ait plus de confiance et suive
« plus volontiers le praticien qui parle son langage, con-
« naît ses besoins, a été aux prises avec les difficultés
« auxquelles il se heurte chaque jour, et qui peut lui don-
« les renseignements pratiques nécessaires pour résoudre
« ces difficultés.

« L'enseignement du dessin géométrique aux cours
« techniques ne vise pas à la préparation de futurs dessi-
« nateurs, mais il est orienté vers la pratique du traçage

« à l'atelier. Le but n'est pas de savoir représenter avec
« art un appareil ou un organe de machine, mais surtout
« de savoir lire une forme dessinée et savoir la tracer avec
« précision sur la matière d'œuvre.

« Les séances d'atelier ont lieu le dimanche matin de
« 8 heures à 11 heures. Le programme des travaux exé-
« cutés dans ces séances s'est notablement modifié depuis
« la création des cours. Au début on se contentait de
« confectionner quelques objets simples, des outils, des
« instruments dans lesquels les apprentis trouvaient l'ap-
« plication des principes géométriques étudiés précé-
« demment. Ces exercices, bien qu'intéressants n'of-
« fraient pas un attrait suffisant aux apprentis et aux
« ouvriers pour les faire venir aux cours et les y retenir.

« Ce qu'ils désiraient surtout c'était de pouvoir réaliser
« des modèles se rapportant plus directement à leur pro-
« fession, offrant certaines difficultés de traçage et d'exé-
« cution. Ils connaissaient dans les ateliers les ouvriers
« chargés de ces travaux difficiles, ils enviaient la consi-
« dération dont on les entourait et leur salaire plus élevé,
« mais en même temps ils se rendaient compte qu'aucun
« de ces compagnons enviés ne consentirait à leur
« apprendre ses tours de main, ou à les initier à l'art
« du trait, et ce que personne à l'atelier ne pouvait
« ou ne voulait leur montrer, ils espéraient le trouver aux
« cours techniques ».

Ces constatations ne sont-elles pas les mêmes que celles
faites précédemment dans mon étude sur l'apprentissage
moderne ? N'est-il pas intéressant de reconnaître que le
programme des cours techniques, créés par M. Jully
en 1894, tel qu'il vient d'être décrit, qui reçoit son application avec succès dans 12 écoles de la Ville, procède de
la même méthode que celle employée par le Patronage,
avec cette différence que le Patronage l'applique spécialement aux métiers de l'ameublement, tandis que les

cours techniques l'appliquent à des professions diverses? N'est-ce pas une preuve évidente que cette méthode est bien celle qu'il faut employer pour développer l'enseignement professionnel, chez les apprentis, dans les cours complémentaires de l'industrie, que ces deux applications sans liens entre elles, faites sans se connaître, dans des professions différentes, et aboutissant exactement aux mêmes résultats?

Les cours du Patronage ont lieu le soir de 8 heures à 10 heures, tous les jours de la semaine excepté le samedi, jour de paye où les élèves peuvent être retenus plus longtemps à l'atelier.

Ces cours sont:

Les lundi, mercredi et vendredi.

DESSIN A VUE d'après le plâtre, professeur M. Lambert, artiste industriel.

DESSIN TECHNIQUE, se subdivisant en:

PLANS DE MEUBLES, professeur M. Lasnel dessinateur technique.

PLANS DE SIÈGES, professeur M. Chabord, contre-maître et dessinateur technique.

CROQUIS ET COMPOSITIONS D'ENSEMBLES, professeur M. Decouis, dessinateur d'ameublement.

Les mardi et jeudi.

GÉOMÉTRIE APPLIQUÉE, professeur M. Ally, dessinateur technique.

MODELAGE, professeur M. Hiolle, artiste industriel, sculpteur sur bois.

Voici le relevé des présences pendant l'exercice 1903-1904.

MOIS	Dessin à vue dessin technique		Géométrie et Modelage		Observations
	Séances des Lundis Mercredis, Vendredis		Séances des Mardis et Jeudis		
	Présences	moyennes par soirée	Présences	moyennes par soirée	
Juillet 1903	349	70	»	»	Les Cours de Géométrie et de Modelage ont lieu du mois d'Octobre au mois de Mai.
Août......	»	»	»	»	
Septembre	1.017	79	»	»	
Octobre ...	1.261	97	525	66	
Novembre .	1.226	103	557	70	
Décembre .	805	101	369	62	
Janvier 1904	637	101	128	64	Les vacances ont lieu du 15 Juillet au 1ᵉ Septembre et du 15 Décembre au 15 Janvier.
Février....	1.322	102	486	69	
Mars	1.182	99	509	64	
Avril......	887	99	358	60	
Mai	1.042	87	431	54	
Juin.......	1.072	83	43	43	

Tous ces cours sont gratuits et les fournitures de papier sont à la charge du Patronage. Ils sont évidemment insuffisants, mais ils sont limités par les ressources financières de la société.

Ils devraient être complétés par un cours de *technologie*, apprenant aux apprentis à connaître les propriétés des matières premières qu'ils transforment et des outils qu'ils manœuvrent; par un cours d'*histoire de l'art* et d'*analyse de styles* appliqué à l'industrie du mobilier, les familiarisant avec les principes de composition qui se dégagent des styles anciens. Ils pourraient encore être complétés par un cours enseignant quelques éléments d'*Economie industrielle* appliquée à la fabrication des meubles.

Mais les locaux dont dispose le Patronage ne permettent pas d'organiser ces cours simultanément avec ceux qui existent et qui utilisent toutes les salles chaque soir. Il faudrait que les cours s'étendent dans la journée, par exemple de 4 heures 1/2 à 6 heures. Les élèves pourraient ainsi suivre deux cours dans la même journée, un avant le dîner, un après, et acquérir, en un même laps de temps, de plus nombreuses connaissances théoriques; et cela, en attendant que l'enseignement se fasse dans la journée et que les cours du soir disparaissent pour faire place au repos.

L'expérience pourrait facilement être faite au Patronage si la question budgétaire ne s'y opposait. Les professeurs qui viennent le soir, s'associent généreusement à l'œuvre philanthropique poursuivie, en se contentant d'une modique indemnité; ils ne pourraient le faire dans la journée, et il faudrait leur donner une compensation en rapport avec la perte de gain que le temps passé dans le jour, à l'école, leur ferait perdre; et le Patronage qui ne peut déjà équilibrer son budget ne pourrait supporter cette nouvelle dépense.

Si le Conseil municipal voulait faire cet essai en accordant une subvention attribuée spécialement à ces cours du jour, le Patronage ferait volontiers l'expérience. Ayant à sa disposition tous les éléments pour réussir, il montrerait que ces cours du jour sont possibles; qu'ils seraient bien accueillis par les patrons et les ouvriers, qui se rendraient facilement compte que les avantages, que donnerait l'instruction reçue, compenseraient largement la perte de travail d'atelier qui en résulterait.

La grande majorité des personnes qui s'occupent des cours du soir sont favorables à leur extension dans le jour, et je citerai encore, à l'appui, le passage suivant de M. Rocheron:

« Actuellement, cinq fois par semaine, les cours ont
« lieu de 8 heures 1/2 à 10 heures. A cette heure tardive,
« les apprentis auraient besoin de repos. Fatigués par le
« travail de la journée, qui dure quelquefois dix et onze
« heures, ils sont dans de mauvaises conditions pour fixer

« leur attention et apprendre. Malgré tout, en dépit de
« l'intérêt de la leçon ou de la volonté de l'élève, il vient
« un moment où la fatigue reprend le dessus, où les pau-
« pières s'alourdissent, où l'attention s'affaiblit et dis-
« paraît. Il vaudrait mieux placer les cours avant le dîner
« de 5 h. à 6 h. 1/2 par exemple ou de 5 h. 1/2 à 7 heures.

« Cette mesure abrégerait la journée de travail de deux
« heures et par suite diminuerait la fatigue. De plus l'ap-
« prenti pourrait prendre un repos suffisant. Actuelle-
« ment, certains auditeurs des cours techniques ne sont
« pas couchés avant 11 heures du soir; le temps consacré
« au sommeil est trop court, puisqu'il est réduit à six ou
« sept heures, alors qu'à cet âge il en faudrait au moins
« huit; le travail du lendemain et la santé s'en ressentent.

« Le jeune homme étant moins surmené profiterait
« davantage des leçons qui lui sont faites.

« Il faudrait pour cela le consentement des patrons qui,
« en apparence, perdraient des heures de travail par
« jour. Mais cette perte serait largement compensée par
« les progrès de l'apprenti qui pourrait fournir plus ra-
« pidement un travail satisfaisant. Nous ne doutons pas
« que si des cours étaient organisés à l'heure indiquée, de
« nombreux patrons consentiraient à ce léger sacrifice
« et accorderaient à leurs apprentis, sans diminution de
« salaire, le temps nécessaire pour s'instruire ».

Après cette description de l'enseignement créé par le
Patronage industriel des enfants de l'Ebénisterie, et de
la méthode sur laquelle il s'appuie; méthode créée
pour donner satisfaction aux besoins des apprentis
en tenant compte de leur état d'esprit; besoins et
état d'esprit qui sont les mêmes dans toutes les professions ainsi que le prouvent les cours techniques institués par M. Jully; je termine en insistant sur ce point,
que l'enseignement technique s'adressant aux apprentis
de l'industrie, comme aux élèves des écoles d'apprentissage qui se recrutent dans le même milieu, doit pro-

céder non par un enseignement général d'où se déduiraient les applications professionnelles, ainsi qu'il est d'usage avec l'emploi des méthodes pédagogiques en honneur dans l'enseignement classique, mais en prenant comme point de départ l'enseignement des opérations industrielles telles qu'elles se présentent dans la fabrication et en en déduisant les principes généraux de sciences et d'art dont elles sont les applications.

Principes généraux qui apparaissent clairement aux yeux des élèves quand leur enseignement est ainsi appuyé sur un exemple réel, pris dans l'atelier, parmi ceux qui leur sont familiers, et qu'ils comprennent d'autant mieux qu'ils expliquent et démontrent la raison d'être des opérations qui ont permis de fabriquer l'objet pris comme exemple.

L'enseignement technique, étant donné les conditions économiques de notre temps, celles des familles ouvrières dont les enfants doivent le recevoir, les exigences de l'industrie moderne, toutes causes qui ne permettent pas de l'étendre plus de trois ou quatre années, ne pourra réaliser les résultats qu'on poursuit qu'à la condition d'établir les programmes de l'enseignement de chaque profession sur ce principe essentiel :

Dans l'enseignement technique, les principes généraux de sciences et d'art sur lesquels sont basées les opérations industrielles, se déduiront de l'enseignement et de la description de ces opérations mêmes, et non des exemples abstraits de l'enseignement classique n'ayant aucun rapport avec la pratique des professions.

J. BOISON.

(2600)

PAUL COLLEMANT
IMPRIMEUR
60 Rue de la Roquette
PARIS